読み書きできないと恥ずかしい

小中学校で習った漢字

漢字力研究会編

彩図社

はじめに

パソコンやスマートフォンが私たちの身近に当たり前に存在するようになって、久しくなりました。すると、どうでしょうか。

「あれ、昔はちゃんと書けたんだけど……」

「簡単な漢字のはずなのに、読めない……」

こうした状況に陥った経験のある方が、少なくないのではと思います。

日頃目にしたり使用したりする熟語の多くは、小中学校で習った漢字で構成されています。ですから、いざ人前で読み間違いをしたり、漢字が思い浮かばずその部分だけひらがなで書いたり、意味を勘違いして使っていたなんてことになれば、少し恥ずかしいですね。

そこで本書では、大人として知っておきたい読み・書き・意味の正誤・同音異義語の使い分けを６章にわたって約７００語集めました。

「今さら小中学校の漢字なんて」とお思いの方も、原点回帰して紙と鉛筆をお手元にご用意いただき、挑んでみてください。すべて解き終わった後は、きっとあなたの力になっているはずです。

漢字力研究会

※本書では、熟語を構成する漢字を小中学校のいずれかで学習していることを出題の条件としています。よって、熟語の読みに関してはその限りではありません。

小中学校で習った漢字 ◆ 目次

第一章 読めないと恥ずかしい漢字

大人としては読めてあたりまえ！

- 熟語
- 送り仮名のある漢字
- 誤って読んでしまいがちな三字熟語
- 日本の伝統に関する言葉
- 日常でよく目にする熟字訓
- 大人としては常識の漢字

第二章

「勘違いしてた」では済まされない！
書けないと恥ずかしい漢字

- 熟語
- 訓読み
- 書き間違いが多い熟語
- 家の中にあるモノ
- 身近にあるモノ
- 動植物の名前
- ニュースで耳にする言葉
- 日頃耳にするけど書けない言葉

第三章

できる大人は迷わない！
正しく使い分けたい漢字

・訓読み
・熟語
・漢字一字の使い分け
・違いを説明しづらい熟語

第四章

勘違いして使っていませんか？

意味を間違えやすい漢字

・よく使う慣用句
・聞き慣れた熟語
・知っていると差がつく慣用句
・特に誤解されがちな熟語

第五章

「知らなくていい」では恥をかく!?
地名・人名・単位の読み

第六章

あなたはいくつ答えられますか？

四字熟語・慣用句の書き

・日常的に使う四字熟語
・書けそうで書けない四字熟語
・書けるとすごい四字熟語
・よく耳にする慣用句
・知っておきたい慣用句

第一章

大人としては読めてあたりまえ！

読めないと恥ずかしい漢字

この章では、瞬時に答えられないと恥ずかしい
基本的な読みの漢字を集めました。
はじめは小学校で習ったやさしい漢字から、
徐々に難易度があがっていく作りになっています。
どこまで読めるか力試しをしてみましょう!

熟語①

難易度：★☆☆

行方	土産	便乗
仮病	土砂	流石
果物	強情	海原

便乗 びんじょう

土産 みやげ

行方 ゆくえ

流石 さすが

土砂 どしゃ

仮病 けびょう

海原 うなばら

強情 ごうじょう

果物 くだもの

熟語②

難易度：★☆☆

天井	砂利	弟子
節句	支度	若人
極意	幸先	旅客

弟子
でし

砂利
じゃり

天井
てんじょう

若人
わこうど

支度
したく

節句
せっく

旅客
りょかく

幸先
さいさき

極意
ごくい

熟語③

難易度：★☆☆

丁重

直筆

頭角

月極

海女

強面

五月雨

一目散

雪崩

丁重
ていちょう

直筆
じきひつ

頭角
とうかく

月極
つきぎめ

海女
あま

強面
こわもて

五月雨
さみだれ

一目散
いちもくさん

雪崩
なだれ

熟語④

難易度：★☆☆

割愛	形相	歩合
法度	陽炎	街灯
学舎	初孫	既出

歩合

ぶあい

形相

ぎょうそう

割愛

かつあい

街灯

がいとう

陽炎

かげろう

法度

はっと

既出

きしゅつ

初孫

ういまご

「はつまご」とも読む

学舎

まなびや

送り仮名のある漢字①

難易度：★★☆

強か

著す

削ぐ

予て

謙る

慮る

漸く

暫く

強ち

強か
したたか

著す
あらわす

削ぐ
そぐ

予て
かねて

謙る
へりくだる

慮る
おもんぱかる

漸く
ようやく

暫く
しばらく

強ち
あながち

送り仮名のある漢字②

難易度：★★☆

直向き

相応しい

強請り

淑やか

償う

点す

長ける

偏に

頑な

直向き

ひたむき

相応しい

ふさわしい

強請り

ゆすり

淑やか

しとやか

償う

つぐなう

点す

ともす

長ける

たける

偏に

ひとえに

頑な

かたくな

熟語⑤

難易度：★★☆

文言	合点	他言
川面	読点	直火
会得	早急	素行

他言
たごん

合点
がてん
「がってん」とも読む

文言
もんごん
「ぶんげん」とも読む

直火
じかび

読点
とうてん

川面
かわも

素行
そこう

早急
さっきゅう
「そうきゅう」とも読む

会得
えとく

熟語⑥

難易度：★★☆

門戸

工面

黒白

夜気

率直

定石

初心

「しょしん」ではなく…

敷設

相殺

黒白

こくびゃく

「白黒」は「しろくろ」と読む

工面

くめん

門戸

もんこ

定石

じょうせき

率直

そっちょく

夜気

やき

相殺

そうさい

敷設

ふせつ

初心

うぶ

熟語⑦

難易度：★★☆

体裁	代替	下種
下戸	柔和	脳裏
好悪	禁物	発起

下種
げす

代替
だいたい

体裁
ていさい

脳裏
のうり

柔和
にゅうわ

下戸
げこ

発起
ほっき

禁物
きんもつ

好悪
こうお

誤って読んでしまいがちな三字熟語①

難易度：★★☆

一段落

依存心

御用達

茶話会

出不精

一家言

御相伴

画一的

不文律

一段落

いちだんらく

依存心

いそんしん

近年は「いぞんしん」でも可

御用達

ごようたし

茶話会

さわかい

出不精

でぶしょう

一家言

いっかげん

御相伴

ごしょうばん

画一的

かくいつてき

不文律

ふぶんりつ

誤って読んでしまいがちな三字熟語②

難易度：★★☆

日和見

美人局

湯治場

鉄面皮

世迷言

出初式

野放図

河川敷

風土記

日和見

ひよりみ

美人局

つつもたせ

湯治場

とうじば

鉄面皮

てつめんぴ

世迷言

よまいごと

出初式

でぞめしき

野放図

のほうず

河川敷

かせんしき

「かせんじき」でも可

風土記

ふどき

送り仮名のある漢字③

難易度：★★☆

思しい

偶に

徐に

捗る

怠い

象る

貪る

遮る

神々しい

思しい
おぼしい

偶に
たまに

徐に
おもむろに

捗る
はかどる

怠い
だるい

象る
かたどる

貪る
むさぼる

遮る
さえぎる

神々しい
こうごうしい

送り仮名のある漢字④

難易度：★★☆

蔑む

慎む

請ける

萎れる

弁える

戦く

恭しい

酷い

挙って

蔑む

さげすむ

慎む

つつしむ

請ける

うける

萎れる

しおれる

弁える

わきまえる

戦く

おののく

恭しい

うやうやしい

酷い

ひどい

挙って

こぞって

日本の伝統に関する言葉①

難易度：★☆☆

祝詞

宮司

境内

手水舎

神楽

神酒

陰陽師

氏子

内宮

境内

けいだい

宮司

ぐうじ

祝詞

のりと

神酒

みき

神楽

かぐら

手水舎

ちょうずや

「てみずしゃ」などとも読む

内宮

ないくう

氏子

うじこ

陰陽師

おんみょうじ

日本の伝統に関する言葉②

難易度：★★☆

精進

読経

建立

行水

勤行

法被

仏教においての読み方は…

礼拝

虚仮

因業

建立
こんりゅう
「けんりつ」でも可

読経
どきょう
「どくきょう」「どっきょう」とも読む

精進
しょうじん

法被
はっぴ

勤行
ごんぎょう

行水
ぎょうずい

因業
いんごう

虚仮
こけ

礼拝
らいはい
仏教以外では「れいはい」と読む

日本の伝統に関する言葉③

難易度：★★☆

参内	口伝	流転
山車	寄席	内裏
女形	祝言	結納

流転

るてん

口伝

くでん

参内

さんだい

内裏

だいり

寄席

よせ

山車

だし

結納

ゆいのう

祝言

しゅうげん

女形

おやま

「おんながた」とも読む

日常でよく目にする熟字訓①

難易度：★★☆

時化	虫酸	生憎
塩梅	数多	生業
小豆	雑魚	似非

生憎
あいにく

虫酸
むしず

時化
しけ

生業
なりわい

数多
あまた

塩梅
あんばい

似非
えせ

雑魚
ざこ

小豆
あずき

日常でよく目にする熟字訓②

難易度：★★☆

納戸	行灯	東雲
欠伸	白粉	松明
灰汁	出汁	河岸

東雲

しののめ

行灯

あんどん

納戸

なんど

松明

たいまつ

白粉

おしろい

欠伸

あくび

河岸

かし

出汁

だし

灰汁

あく

日常でよく目にする熟字訓③

難易度：★★★

女郎花

軍鶏

希有

従兄弟

乳母

玄人

所以

長閑

玄孫

希有
けう

軍鶏
しゃも

女郎花
おみなえし

玄人
くろうと

乳母
うば

従兄弟
いとこ

玄孫
やしゃご

長閑
のどか

所以
ゆえん

大人としては常識の漢字①

難易度：★★☆

直訴	市井	出納
聴聞	続柄	遊説
更迭	貼付	言質

出納　すいとう

市井　しせい

直訴　じきそ

遊説　ゆうぜい

続柄　つづきがら

「ぞくがら」でも可

聴聞　ちょうもん

言質　げんち

貼付　ちょうふ

更迭　こうてつ

大人としては常識の漢字②

難易度：★★☆

重厚	踏襲	固執
約定	壊死	吹聴
店賃	減反	疾病

固執

こしゅう

近頃は「こしつ」の読みが一般的

踏襲

とうしゅう

重厚

じゅうこう

吹聴

ふいちょう

壊死

えし

約定

やくじょう

疾病

しっぺい

減反

げんたん

店賃

たなちん

大人としては常識の漢字③

難易度：★★☆

端役

氾濫

素読

妖艶

巣窟

足蹴

細君

雑役

時宜

素読

そどく

氾濫

はんらん

端役

はやく

足蹴

あしげ

巣窟

そうくつ

妖艶

ようえん

時宜

じぎ

雑役

ざつえき

「ぞうやく」とも読む

細君

さいくん

大人としては常識の漢字④

難易度：★★☆

出帆

天晴

冥利

解熱

黒子

一入

含蓄

下値

非業

冥利

みょうり

天晴

あっぱれ

出帆

しゅっぱん

一入

ひとしお

黒子

ほくろ

解熱

げねつ

非業

ひごう

下値

したね

含蓄

がんちく

大人としては常識の漢字⑤

難易度：★★☆

肉汁

誰何

慶弔

徳利

店屋物

機織り

足袋

香車
将棋の駒のひとつ

刺客

肉汁
にくじゅう

誰何
すいか

慶弔
けいちょう

徳利
とっくり
「とくり」とも読む

店屋物
てんやもの

機織り
はたおり

足袋
たび

香車
きょうしゃ

刺客
しかく

熟語⑧

難易度：★★★

食傷

汎用

論旨

頒布

謁見

返戻

潮騒

凶刃

拘泥

食傷

しょくしょう

汎用

はんよう

論旨

ろんし

頒布

はんぷ

謁見

えっけん

返戻

へんれい

潮騒

しおさい

凶刃

きょうじん

拘泥

こうでい

第二章

「勘違いしてた」では済まされない！

書けないと恥ずかしい漢字

パソコンやスマホを使うことが当たり前になった今、
いざ漢字を書こうとすると、ぼんやりと形はわかるのに
手が動かない……そんなことも多いでしょう。
会議や手紙を書く場面で、漢字が書けないと恥ずかしい！
今こそ忘れてしまった漢字をよみがえらせましょう。

熟語①

難易度：★☆☆

あさって

はかせ

まじめ

ごうきゅう

悲しみのあまりゴウキュウする

きげん

仕事で疲れてキゲンが悪い

まね

やけど

しろうと

こころえ

小中学校で習った漢字

あさって	はかせ	まじめ
明後日	博士	真面目

ごうきゅう	きげん	まね
号泣	機嫌	真似

やけど	しろうと	こころえ
火傷	素人	心得

熟語②

難易度：★☆☆

どきょう

ドキョウ試しのバンジージャンプ

ぜんてい

結婚をゼンテイとしたお付き合い

じさん

筆記用具をジサンしてください

しゅうかく

りんごをシュウカクする

せけんてい

きぼ

りんげつ

いぶき

春のイブキを感じる

せんもん

度胸《どきょう》

前提《ぜんてい》

持参《じさん》

収穫《しゅうかく》

世間体《せけんてい》

規模《きぼ》

臨月《りんげつ》

息吹《いぶき》

専門《せんもん》

熟語③

難易度：★☆☆

しゅくしょう

事業をシュクショウする

ひってき

ふんしつ

ふっこう

災害からフッコウする

くのう

クノウの表情を浮かべる

おかん

熱のせいかオカンがする

てってい

かわせ

あくたい

小中学校で習った漢字

しゅくしょう	ひってき	ふんしつ
縮小	匹敵	紛失

ふっこう	くのう	おかん
復興	苦悩	悪寒

てってい	かわせ	あくたい
徹底	為替	悪態

訓読み①

難易度：★☆☆

になう

うばう

はずむ

とまどう

あつかう

いそぐ

うけたまわる

もっぱら

こころよい

担う《になう》

奪う《うばう》

弾む《はずむ》

戸惑う《とまどう》

扱う《あつかう》

急ぐ《いそぐ》

承る《うけたまわる》

専ら《もっぱら》

快い《こころよい》

訓読み②

難易度：★☆☆

いさぎよい

いそがしい

けぎらい

きやすめ

めまぐるしい

ことのほか

はえある

きおくれ

あえる

小松菜と油揚げを醤油でアエル

小中学校で習った漢字

いさぎよい	いそがしい	けぎらい
潔い	忙しい	毛嫌い

きやすめ	めまぐるしい	ことのほか
気休め	目紛しい	殊の外

はえある	きおくれ	あえる
栄えある	気後れ	和える

熟語④

難易度：★★☆

えしゃく

ぎょかく

てんけい

彼はテンケイ的な日本人だ

おんけん

まんぜん

マンゼンと日々を過ごす

かちく

いんねん

じゅんしん

子どものジュンシンな心

かんぺき

会釈《えしゃく》

漁獲《ぎょかく》

典型《てんけい》

穏健《おんけん》

漫然《まんぜん》

家畜《かちく》

因縁《いんねん》

純真《じゅんしん》

完璧《かんぺき》

熟語⑤

難易度：★★☆

って

るす

そえん

かつての友人とソエンになる

かぜい

所得に応じてカゼイされる

ざんまい

まいきょ

かみわざ

けっかい

大雨でダムがケッカイする

ぎんみ

伝手《つて》

留守《るす》

疎遠《そえん》

課税《かぜい》

三昧《ざんまい》

枚挙《まいきょ》

神業《かみわざ》

決壊《けっかい》

吟味《ぎんみ》

熟語⑥

難易度：★★☆

かたぎ

職人カタギな人

ひょうしょう

大会で勝ってヒョウショウされる

なごり

昔のナゴリを留める街並み

せいとうか

自分の悪行をセイトウカする

あんぴ

そち

緊急事態につき特別なソチを取る

ふしん

理想のチーム作りにフシンする

しゅと

フランスのシュトはパリだ

あいまい

気質《かたぎ》

表彰《ひょうしょう》

名残《なごり》

正当化《せいとうか》

安否《あんぴ》

措置《そち》

腐心《ふしん》

首都《しゅと》

曖昧《あいまい》

訓読み③

難易度：★★☆

まかない

まろやか

いかめしい

わずらわしい

けわしい

つぶさに

いまだに

いちがいに

ねんごろに

賄い《まかない》

円やか《まろやか》

厳めしい《いかめしい》

煩わしい《わずらわしい》

険しい《けわしい》

具に《つぶさに》

未だに《いまだに》

一概に《いちがいに》

懇ろに《ねんごろに》

訓読み④

難易度：★★☆

そそのかす

ねばる

ひねる

はばむ

もうける

機会をモウケル

ちぢれる

とどこおる

きたえる

こする

小中学校で習った漢字

そそのかす	ねばる	ひねる
唆す	粘る	捻る

はばむ	もうける	ちぢれる
阻む	設ける	縮れる

とどこおる	きたえる	こする
滞る	鍛える	擦る

熟語⑦

難易度：★★☆

かんげい

さいばい

ふぜい

ちんたい

チンタイ住宅を探す

じゅうらい

えいき

エイキを養う

ばくち

そくさい

さはんじ

この程度の失敗は日常サハンジだ

歓迎《かんげい》

栽培《さいばい》

風情《ふぜい》

賃貸《ちんたい》

従来《じゅうらい》

英気《えいき》

博打《ばくち》

息災《そくさい》

茶飯事《さはんじ》

熟語⑧

難易度：★★☆

だきょう

すきま

だんあつ

じじゅく

もくろみ

ふしょうじ

とうじょう

飛行機のトウジョウ口が変更になった

むしん

知人にお金をムシンする

ほご

約束をホゴにする

小中学校で習った漢字

だきょう	すきま	だんあつ
妥協	隙間	弾圧

じしゅく	もくろみ	ふしょうじ
自粛	目論見	不祥事

とうじょう	むしん	ほご
搭乗	無心	反故

熟語⑨

難易度：★★☆

さぎ

穏やかそうに見えてとんだサギ師だ

あいさつ

さんまん

注意力がサンマンになる

しっと

ちっそく

ふほう

恩師のフホウに接する

さいそく

返信をサイソクする

げてもの

わいろ

小中学校で習った漢字

さぎ	あいさつ	さんまん
詐欺	挨拶	散漫

しっと	ちっそく	ふほう
嫉妬	窒息	訃報

さいそく	げてもの	わいろ
催促	下手物	賄賂

書き間違いが多い熟語①

難易度：★★☆

ふかけつ

かちかん

ほうようりょく

うちょうてん

さいこうちょう

むきしつ

いくじ

イクジなしとからかわれる

ずがいこつ

あいあいがさ

小中学校で習った漢字

ふかけつ	かちかん	ほうようりょく
不可欠	価値観	包容力

うちょうてん	さいこうちょう	むきしつ
有頂天	最高潮	無機質

いくじ	ずがいこつ	あいあいがさ
意気地	頭蓋骨	相合傘

書き間違いが多い熟語②

難易度：★★☆

くちく

にくはく

てんさく

作文のテンサクをする

おうとつ

すいせん

彼女を委員長にスイセンする

しょさい

読書のためショサイを増築する

ばっすい

さっとう

かちゅう

話題のカチュウの人

小中学校で習った漢字

くちく	にくはく	てんさく
駆逐	肉薄（「肉迫」でも可）	添削

おうとつ	すいせん	しょさい
凹凸（「でこぼこ」は「凸凹」）	推薦	書斎

ばっすい	さっとう	かちゅう
抜粋	殺到	渦中

書き間違いが多い熟語③

難易度：★★☆

ごい

りんかく

みなり

こっけい

てんかぶつ

だんしゃく

だんかい

ダンカイの世代

きざ

さいほう

趣味のサイホウで鞄を作る

小中学校で習った漢字

ごい	りんかく	みなり
語彙	輪郭	身形

こっけい	てんかぶつ	だんしゃく
滑稽	添加物	男爵

だんかい	きざ	さいほう
団塊	気障	裁縫

書き間違いが多い熟語④

難易度：★★★

いしゃりょう

きいっぽん

どくだんじょう

ぜんごさく

どろじあい

いっぺんとう

こうとうしもん

ふんしょくけっさん

てんらんじあい

慰謝料《いしゃりょう》

生一本《きいっぽん》

独壇場《どくだんじょう》

善後策《ぜんごさく》

泥仕合《どろじあい》

一辺倒《いっぺんとう》

口頭試問《こうとうしもん》

粉飾決算《ふんしょくけっさん》

天覧試合《てんらんじあい》

家の中にあるモノ

難易度：★☆☆

つくえ

いす

まくら

たわし

なべ

ぞうり

すいはんき

ぼうし

くつ

机《つくえ》

椅子《いす》

枕《まくら》

束子《たわし》

鍋《なべ》

草履《ぞうり》

炊飯器《すいはんき》

帽子《ぼうし》

靴《くつ》

身近にあるモノ

難易度：★★☆

そろばん

びんせん

せんざい

おもちゃ

たいこ

祭りでタイコを叩く

ししおどし

はんぺん

さゆ

ごこくまい

小中学校で習った漢字

そろばん	びんせん	せんざい
算盤	便箋	洗剤

おもちゃ	たいこ	ししおどし
玩具	太鼓	鹿威し

はんぺん（「半弁」「半平」とも書く）	さゆ	ごこくまい
半片	白湯	五穀米

動植物の名前

難易度：★★☆

さる

やぎ

とら

かば
水中の動物

ひとで
海の生き物

つる
鳥類

かいこ

いちじく

つくし

猿《さる》

山羊《やぎ》

虎《とら》

河馬《かば》

海星《ひとで》

鶴《つる》

蚕《かいこ》

無花果《いちじく》

土筆《つくし》

ニュースで耳にする言葉①

難易度：★★★

もくひ

事件についてモクヒする

もほう

かいぼう

死体をカイボウする

しっこう
ゆうよ

じょうじょう
しゃくりょう

ばいしんいん

にんじょう
ざた

ちがい
ほうけん

けっせん
とうひょう

黙秘《もくひ》

模倣《もほう》

解剖《かいぼう》

執行猶予《しっこうゆうよ》

情状酌量《じょうじょうしゃくりょう》

陪審員《ばいしんいん》

刃傷沙汰《にんじょうざた》

治外法権《ちがいほうけん》

決選投票《けっせんとうひょう》

ニュースで耳にする言葉②

難易度：★★★

だんがい

裁判官をダンガイする

らち

不審者にラチされる

わいきょく

さくしゅ

はたん

きゅうだん

政治家の汚職をキュウダンする

けいはつ

ねんぽう

プロ野球選手のネンポウを推測する

ようしょう

あの都市は陸上交通のヨウショウだ

弾劾《だんがい》

拉致《らち》

歪曲《わいきょく》

搾取《さくしゅ》

破綻《はたん》

糾弾《きゅうだん》

啓発《けいはつ》

年俸《ねんぽう》

要衝《ようしょう》

日頃耳にするけど書けない言葉①

難易度：★★★

こんせき

事件のコンセキをたどる

ひんぱん

ほんろう

おうせい

好奇心オウセイな子ども

かっさい

しんらつ

かっとう

こくう

かくう

痕跡《こんせき》

頻繁《ひんぱん》

翻弄《ほんろう》

旺盛《おうせい》

喝采《かっさい》

辛辣《しんらつ》

葛藤《かっとう》

虚空《こくう》

架空《かくう》

日頃耳にするけど書けない言葉②

難易度：★★★

よもやま

くせもの

まくあい

おおわらわ

なしくずし

ふせいしゅつ

さいじき

むこ

姉のおムコさん

くいぶち

小中学校で習った漢字

よもやま	くせもの	まくあい
四方山	曲者	幕間

おおわらわ	なしくずし	ふせいしゅつ
大童	済し崩し	不世出

さいじき	むこ	くいぶち
歳時記	婿	食い扶持

第三章

できる大人は迷わない！

正しく使い分けたい漢字

この章では、同音異義語の使い分けを見ていきましょう。
日本語には、同じ「ハカる」でも「測」「量」「計」「図」と
いくつもの漢字が存在します。
意味が異なるので間違って使うと大変なことに……。
きちんと使い分け、できますか？

訓読み①

難易度：★☆☆

席が□《あ》く

窓が□《あ》く

テレビに□《うつ》る

写真に□《うつ》る

スープが□《さ》める

目が□《さ》める

起きるのが□《はや》い

頭の回転が□《はや》い

席が空く
窓が開く

テレビに映る
写真に写る

スープが冷める
目が覚める

起きるのが早い
頭の回転が速い

訓読み②

難易度：★☆☆

味を□《ととの》える

体調を□《ととの》える

意見が□□《わかれ》る

友人と駅で□□《わかれ》る

※この問題に限り、1マス1字ではありません。

予想を□《こ》える展開

山を□《こ》える

絵の具の色を□《ま》ぜる

カードを□《ま》ぜる

味を調える
体調を整える

意見が分かれる
友人と駅で別れる

予想を超える展開
山を越える

絵の具の色を混ぜる
カードを交ぜる

訓読み③

難易度：★☆☆

予定が□《か》わる
年度が□《か》わる
石炭に□《か》わる燃料

役所に□《つと》める
委員長を□《つと》める
目標達成に□《つと》める

税金を□《おさ》める
成果を□《おさ》める

関わりを□《た》つ
退路を□《た》つ

予定が変わる
年度が替わる
石炭に代わる燃料

役所に勤める
委員長を務める
目標達成に努める

税金を納める
成果を収める

関わりを絶つ
退路を断つ

訓読み④

難易度：★★☆

正体を□《あらわ》す

感情を□《あらわ》す

自伝を□《あらわ》す

権利を□《おか》す

罪を□《おか》す

危険を□《おか》す

扉を□《し》める

9割を□《し》める

ねじを□《し》める

首を□《し》める

正体を現す
感情を表す
自伝を著す

権利を侵す
罪を犯す
危険を冒す

扉を閉める
9割を占める

ねじを締める
首を絞める

訓読み⑤

難易度：★★☆

傘を□《さ》す
方向を指で□《さ》す
花を花瓶に□《さ》す

意思が□《かた》い
表情が□《かた》い
優勝は□《かた》い

電車を□《お》りる
許可が□《お》りる

タイミングを□《はか》る
相手の気持ちを□《はか》る
体温を□《はか》る

傘を差す
方向を指で指す
花を花瓶に挿す

意思が固い
表情が硬い
優勝は堅い

電車を降りる
許可が下りる

タイミングを計る
相手の気持ちを量る
体温を測る

熟語①

難易度：★☆☆

議論が□□《かねつ》する

スープを□□《かねつ》する

福利□□《こうせい》の充実

□□《こうせい》してやり直す

□□《みえ》を張る

□□《みえ》を切る

□□《かんしん》を抱く

態度に□□《かんしん》する

議論が過熱する
スープを加熱する

福利厚生の充実
更生してやり直す

見栄を張る
見得を切る

関心を抱く
態度に感心する

熟語②

難易度：★★☆

身元を□□《ほしょう》する

安全を□□《ほしょう》する

損害を□□《ほしょう》する

□□《いし》の疎通をはかる

□□《いし》を貫く

故人の□□《いし》を継ぐ

理想を□□《ついきゅう》する

責任を□□《ついきゅう》する

真理を□□《ついきゅう》する

試合を□□《きょうこう》する

□□《きょうこう》な手段をとる

危険を覚悟の□□《きょうこう》策

身元を保証する
安全を保障する
損害を補償する

意思の疎通をはかる
意志を貫く
故人の遺志を継ぐ

理想を追求する
責任を追及する
真理を追究する

試合を強行する
強硬な手段をとる
危険を覚悟の強攻策

熟語③

難易度：★★☆

□□《かいしん》の出来

□□《かいしん》して出直す

卒業□□《せいさく》を発表する

機械を□□《せいさく》する

人質を□□《かいほう》する

運動場を□□《かいほう》する

似た者□□《どうし》

□□《どうし》を集める

会心の出来
改心して出直す

卒業制作を発表する
機械を製作する

人質を解放する
運動場を開放する

似た者同士
同志を集める

熟語④

難易度：★★☆

□□《きょうい》を与える
大自然の□□《きょうい》

□□《げんけい》をとどめる
銅像の□□《げんけい》を作る

□□《てきせい》な評価を下す
仕事の□□《てきせい》を見る

電車と□□《へいこう》して走る
議論が□□《へいこう》線を辿る

脅威を与える
大自然の驚異

原形をとどめる
銅像の原型を作る

適正な評価を下す
仕事の適性を見る

並行して走る
議論が平行線を辿る

熟語⑤

難易度：★★☆

□□《きょうどう》組合に入る
風呂を□□《きょうどう》で使う

□□《こうゆう》範囲が広い
隣人と□□《こうゆう》する

□□《じったい》のない会社
経営の□□《じったい》を調べる

□□《ゆうしゅう》な成績を修める
□□《ゆうしゅう》の美を飾る

協同組合に入る
風呂を共同で使う

交友範囲が広い
隣人と交遊する

実体のない会社
経営の実態を調べる

優秀な成績を修める
有終の美を飾る

熟語⑥

難易度：★★☆

道で財布を□□《しゅうとく》する

株式を□□《しゅうとく》する

技術を□□《しゅうとく》する

単位を□□《しゅうとく》する

報道□□《きせい》が敷かれる

不平等を□□《きせい》する

タンクの□□《ようりょう》

薬の□□《ようりょう》を守る

道で財布を拾得する

株式を収得する

技術を習得する

単位を修得する

報道規制が敷かれる

不平等を規正する

タンクの容量

薬の用量を守る

熟語⑦

難易度：★★☆

□□《ほうてい》速度を守る

□□《ほうてい》で争う

□□《じゃっかん》二十歳の若者

□□《じゃっかん》の違いがある

□□《くじゅう》の決断

□□《くじゅう》をなめる

上昇□□《しこう》が強い

□□《しこう》性アンテナ

法定速度を守る

法廷で争う

弱冠二十歳の若者

若干の違いがある

苦渋の決断

苦汁をなめる

上昇志向が強い

指向性アンテナ

熟語⑧

難易度：★★☆

進化の□□《かてい》を辿る

教育□□《かてい》を見直す

部署を□□《いどう》する

家具を□□《いどう》する

字句の□□《いどう》を調べる

臨戦□□《たいせい》をとる

教育□□《たいせい》を変える

無理な□□《たいせい》になる

大切な□□《じき》を迎える

□□《じき》はずれの雪

□□《じき》を見計らう

進化の過程を辿る
教育課程を見直す

部署を異動する
家具を移動する
字句の異同を調べる

臨戦態勢をとる
教育体制を変える
無理な体勢になる

大切な時期を迎える
時季はずれの雪
時機を見計らう

漢字一字の使い分け①

難易度：★★☆

成□《せき》が上がる

荷物の□《せき》載量

□《せき》任を背負う

紙□《へい》を刷る

神経が疲□《へい》する

悪事を隠□《ぺい》する

農作に適した土□《じょう》

□《じょう》造酒をいただく

近所のお□《じょう》さん

権利を□《じょう》渡する

成績が上がる
荷物の積載量
責任を背負う

紙幣を刷る
神経が疲弊する
悪事を隠蔽する

農作に適した土壌
醸造酒をいただく

近所のお嬢さん
権利を譲渡する

漢字一字の使い分け②

難易度：★★☆

□《わざ》を磨く

離れ□《わざ》を披露する

日□《かげ》が差し込む

□《かげ》で悪口を言う

□《おもて》を上げる

□《おもて》に出る

□《もと》からやり直す

法の□《もと》に平等

資料を□《もと》にする

技を磨く
離れ業を披露する

日影が差し込む
陰で悪口を言う

面を上げる
表に出る

元からやり直す
法の下に平等
資料を基にする

違いを説明しづらい熟語①

難易度：★★☆

過去を□□《せいさん》する

経費を□□《せいさん》する

□□《きせい》事実

□□《きせい》品を購入する

□□《てきかく》な指摘を受ける

代表として□□《てきかく》だ

精密□□《きかい》を扱う

□□《きかい》体操の選手

過去を清算する
経費を精算する

既成事実
既製品を購入する

的確な指摘を受ける
代表として適格だ

精密機械を扱う
器械体操の選手

違いを説明しづらい熟語②

難易度：★★☆

寺で□□《しゅぎょう》する

花嫁□□《しゅぎょう》の教室

会社の□□《こうほう》活動

選挙□□《こうほう》を読む

信念を□□《こじ》する

就任を□□《こじ》する

企画が□□《なんこう》する

□□《なんこう》不落の城塞

寺で修行する
花嫁修業の教室

会社の広報活動
選挙公報を読む

信念を固持する
就任を固辞する

企画が難航する
難攻不落の城塞

違いを説明しづらい熟語③

難易度：★★★

社内資料を□□《はいふ》する
街でビラを□□《はいふ》する

上司の□□《けっさい》を仰ぐ
債務を□□《けっさい》する

映画の□□《こうぎょう》収入
殖産□□《こうぎょう》

外地から□□《ふくいん》する
この先□□《ふくいん》減少

社内資料を配付する

街でビラを配布する

上司の決裁を仰ぐ

債務を決済する

映画の興行収入

殖産興業

外地から復員する

この先幅員減少

違いを説明しづらい熟語④

難易度：★★★

□□《ようご》学校の先生

罪人を□□《ようご》する

敵を□□《ほそく》する

説明を□□《ほそく》する

大きく□□《ぜんしん》する

□□《ぜんしん》的に改良される

□《ずい》時報告する

脊□《ずい》反射

養護学校の先生

罪人を擁護する

敵を捕捉する

説明を補足する

大きく前進する

漸進的に改良される

随時報告する

脊髄反射

第四章

意味を間違えやすい漢字

勘違いして使っていませんか？

これまでの章で基本的な言葉の読み書きを見てきましたが
ここで趣向を変えて、「意味」の理解度を試しましょう。
大事な場面でかっこよくきめたつもりが、
意味を勘違いしていたとなってはまったく締まりません。
正しい意味をA・Bの選択肢から選んでください。

よく使う慣用句①

難易度：★☆☆

気が置けない

A・油断ならない関係

B・打ち解けた関係

敷居が高い

A・身分不相応な

B・不義理をして行きにくい

情けは人のためならず

A・人への情けは自分のため

B・優しさは人の為にならない

役不足

A・役割に対して実力不足

B・実力に対して役割が軽い

気が置けない

B・打ち解けた関係

「油断ならない」といったマイナスの意味に間違われやすい。

敷居が高い

B・不義理をして行きにくい

「高級すぎて自分には不相応」という解釈は本来は誤りである。

情けは人のためならず

A・人への情けは自分のため

人にかけた情けはその人の為になるだけでなく、いずれ自分に巡ってくるという意味。

役不足

B・実力に対して役割が軽い

「（優秀な）彼にその（簡単な）仕事は役不足だ」という使い方。

よく使う慣用句②

難易度：★☆☆

浮き足立つ

A・不安で落ち着きを失う

B・喜びでそわそわする

話が煮詰まる

A・話し合いが難航する

B・結論にいたる

琴線に触れる

A・良いものに感銘を受ける

B・怒りを買ってしまう

手をこまねく

A・何もしないで傍観する

B・手招きをする

浮き足立つ

A・不安で落ち着きを失う

良いことがあって浮かれているのではない。

話が煮詰まる

B・結論にいたる

「詰まる」から話し合いが難航していると誤認されることが多い。

琴線に触れる

A・良いものに感銘を受ける

近頃は「怒りの琴線に触れる」という逆の意味での誤用がみられる。

手をこまねく

A・何もしないで傍観する

「こまねく」は腕組みをする様子。「手招きする」のではない。

聞き慣れた熟語①

難易度：★☆☆

潮時

A・引き際として最も良い時

B・物事を行うのに最も良い時

性癖

A・生まれつきの癖

B・性的なことに関する嗜好

失笑

A・思わず吹き出してしまう

B・思わず呆れてしまう

爆笑

A・大勢の人がどっと笑う

B・大声で笑う

潮時

B・物事を行うのに最も良い時

「私たち、もう潮時だね」と言って男女が別れるのは厳密には誤り。

性癖

A・生まれつきの癖

「性別」ではなく、「性質」の「性」と考えるとよい。

失笑

A・思わず吹き出してしまう

「苦笑いする」「笑いも出ないほど呆れる」は誤りだが、近年はこちらの意味でも使われる。

爆笑

A・大勢の人がどっと笑う

つまり、厳密には1人でテレビを見ながら爆笑することはできない。

聞き慣れた熟語②

難易度：★☆☆

天地無用

A・上下逆さにしてはいけない

B・上下の向きは問わない

閑話休題

A・休憩のための小話

B・話を本筋に戻す

小春日和

A・3月頃の暖かい日

B・晩秋～初冬の暖かい日

最高学府

A・大学のこと

B・東京大学のこと

天地無用

A・上下逆さにしてはいけない

「無用」の字から「どちらでも可」を連想すると大変なことになる。

閑話休題

B・話を本筋に戻す

字面だけだと休む目的で間に挟む小話のようだが、そうではない。

小春日和

B・晩秋～初冬の暖かい日

3月頃の陽気と間違われやすい。「小春」は陰暦10月頃を指す言葉。

最高学府

A・大学のこと

最も程度の高い学問を修める学校のことで、東京大学のみを指すのではない。

よく使う慣用句③

難易度：★★☆

話のさわり

A・話の冒頭部分

B・話のメインになる部分

うそぶく

A・そ知らぬふりをする

B・うそをつく

にやける

A・男性がなよなよする

B・にやにやと笑う

ひもとく

A・書物を開いて読む

B・謎を解き明かす

話のさわり

B・話のメインになる部分

話の始まり部分という誤用が多い。

うそぶく

A・そ知らぬふりをする

「嘘吹く」ではなく「嘯く」と表記する。

にやける

A・男性がなよなよする

「若気《にやけ》る」と書き、男性の見た目や仕草が女々しいことを表す。

ひもとく

A・書物を開いて読む

「この謎をひもといてみよう」という使い方は正しくない。

よく使う慣用句④

難易度：★★☆

うだつの上がらない

A・出世しない

B・情けない

住めば都

A・住み慣れれば田舎も快適

B・住むなら都会がいい

悲喜こもごも

A・大勢の中の喜びや悲しみ

B・一人が味わう喜びや悲しみ

他山の石

A・他人の失敗も自分に役立つ

B・他人の長所を見習う

うだつの上がらない

A・出世しない

ほかにも「見栄えしない」などの意味もある。「情けない」という意味で用いられがち。

住めば都

A・住み慣れれば田舎も快適

「住めば」は「住み慣れれば」、「住まば」は「住むとしたら」という違いがある。

悲喜こもごも

B・一人が味わう喜びや悲しみ

「合格発表の場は悲喜こもごもの～」は誤用。複数人の場合は使わない。

他山の石

A・他人の失敗も自分に役立つ

「他山の粗悪な石でも自らの石を磨く役には立つ」という故事に由来。褒め言葉ではない。

聞き慣れた熟語③

難易度：★★☆

破天荒

A・前人未到のことをなす

B・大胆で豪快なさま

奇特

A・言動が優れていて感心する

B・風変わりなさま

下世話

A・一般にありふれた世間話

B・下品な話

確信犯

A・悪いと承知で行う犯罪

B・信念を持って行う犯罪

破天荒

A・前人未到のことをなす

ただ豪快なだけの性格の人は「破天荒な人」といえない。

奇特

A・言動が優れていて感心する

「奇特な人」という言葉は、本来は褒め言葉なのである。

下世話

A・一般にありふれた世間話

「下品な」「低俗な」といった意味ではない。

確信犯

B・信念を持って行う犯罪

「悪いと承知のうえ」での犯行と誤解されるが、本人は「悪」と思っていないことも。

聞き慣れた熟語④

難易度：★★☆

雨模様

A・雨が降っているさま

B・雨が降りそうなさま

圧巻

A・圧倒的なさま

B・書物の中で最も優れた部分

一姫二太郎

A・女子、男子の順

B・女子が一人、男子が二人

妙齢

A・うら若い年頃の女性

B・微妙な年頃の女性

雨模様

B・雨が降りそうなさま

「今雨が降っている」ときには使わないが、近頃はその用例もある。

圧巻

B・書物の中で最も優れた部分

「圧倒的」と混同されるためか、「すごい」という意味で誤用される。

一姫二太郎

A・女子、男子の順

子を授かるのに良しとされる順番。「太郎」は長男の意味なので二太郎は成り立たない。

妙齢

A・うら若い年頃の女性

「妙な年齢＝微妙な年齢＝年増」という誤った使われ方をすることがある。

知っていると差がつく慣用句①

難易度：★★☆

鳥肌が立つ

A・恐怖で鳥肌が生じる

B・感動で鳥肌が生じる

節操がない

A・一貫した信念がない

B・落ち着きがない

心が騒ぐ

A・興奮して落ち着かない

B・心配や不安で落ち着かない

耳障り

A・聞いていて不快に感じる

B・聞いてみて感じたこと

鳥肌が立つ

A・恐怖で鳥肌が生じる

「感動して鳥肌立っちゃったよ」という用例は本来は誤り。

節操がない

A・一貫した信念がない

単に落ち着きがないことを表すのではない。

心が騒ぐ

B・心配や不安で落ち着かない

「血が騒ぐ」と混同されて「興奮する」という誤用がある。

耳障り

A・聞いていて不快に感じる

「耳ざわりがいい」は誤用。「聞こえがいい」と言い換えるのが良い。

知っていると差がつく慣用句②

難易度：★★☆

おもむろに

A・不意に、突然に

B・ゆっくりと

おっとり刀

A・急いで駆けつけるさま

B・のんびり構えるさま

やおら

A・ゆっくりと

B・いきなり

やぶさかでない

A・喜んで～する

B・しかたなく～する

おもむろに

B・ゆっくりと

「不意に」の意味で誤用されることが多い。「徐に」と書く。

おっとり刀

A・急いで駆けつけるさま

「押っ取り」と書き、刀を腰に差さず手に掴んだまま駆け出すこと。

やおら

A・ゆっくりと

「おもむろに」と同義。こちらも「いきなり」といった意味で間違えやすい。

やぶさかでない

A・喜んで〜する

「しぶしぶやる」と誤用されることが多い。例：「協力するにやぶさかでない」

知っていると差がつく慣用句③

難易度：★★☆

なし崩し

A・物事を少しずつ済ませる

B・物事をうやむやにする

花も恥じらう

A・もじもじする

B・若く美しい女性

天に唾する

A・目上の人に失礼をする

B・自分の行いが返ってくる

まんじりともせず

A・微動だにしない

B・一睡もしない

なし崩し

A・物事を少しずつ済ませる

「済し崩し」という漢字を見ると、意味が理解しやすいだろう。

花も恥じらう

B・若く美しい女性

花が引け目を感じるほどに美しいという意味。

天に唾する

B・自分の行いが返ってくる

上に向けて吐いた唾が自分に戻ってくることに由来する。

まんじりともせず

B・一睡もしない

「じりじり」という擬態語が連想されるのか、「動かない」という誤用が多い。

知っていると差がつく慣用句④

難易度：★★☆

いやがうえにも

A・手段を問わず

B・ますます

いやがおうでも

A・いつにも増して

B・何が何でも

うがった見方をする

A・ひねくれた見方

B・物事の本質を捉えた見方

煮え湯を飲まされる

A・信頼する人に裏切られる

B・敵に酷い目にあわされる

いやがうえにも

B・ますます

「弥が上にも」と書き、「弥」が次第に程度の強まるさまを表す。

いやがおうでも

B・何が何でも

「否が応でも」と書き、「ノーでもイエスでも」という意味になる。

うがった見方をする

B・物事の本質を捉えた見方

疑ってかかるような見方をすることではない。

煮え湯を飲まされる

A・信頼する人に裏切られる

ライバル関係にある人や敵から酷い目にあわされるのではない。

知っていると差がつく慣用句⑤

難易度：★★☆

御の字

A 十分ありがたい

B とりあえず納得できる

したたか

A・小賢しい

B・一筋縄ではいかない

すべからく

A・ぜひとも

B・みんな

名前負け

A・名前を聞くだけで萎縮する

B・名前に対し実態が伴わない

御の字

A・十分ありがたい

「とりあえず納得できる」という誤用が多い。

したたか

B・一筋縄ではいかない

「ずるい」「小賢しい」というような意味はない。

すべからく

A・ぜひとも

「すべて」と混同されるのか、「みんな」という誤用が見られる。

名前負け

B・名前に対し実態が伴わない

こちらが名前を聞いて尻込みをするのではない。

特に誤解されがちな熟語①

難易度：★★☆

知恵熱

A・頭の使いすぎによる発熱

B・乳児に見られる発熱

割愛

A・惜しみながら手放す

B・簡潔にするべく省略する

更迭

A・辞任させる

B・ある地位の人が代わる

募金

A・寄付金を募る

B・寄付をする

知恵熱

B・乳児に見られる発熱

生後半年〜1年頃の、知恵がつき始める頃の乳児が出す熱をいう。

割愛

A・惜しみながら手放す

簡潔にすることを目的とする場合は「割愛」とは言わない。

更迭

B・ある地位の人が代わる

辞めさせるのではなくその役目にいる人を他の人に代えること。更迭される人は他の任に就く。

募金

A・寄付金を募る

募金箱にお金を入れて「今日募金してきた」という使い方は誤りである。

特に誤解されがちな熟語②

難易度：★★★

辛党

A・辛いものが好きな人

B・お酒好きの人

陳腐

A・つまらない

B・ありふれて古臭い

断末魔

A・人間が息を引き取る間近

B・苦しそうな叫び声

妄想

A・根拠のない想像

B・みだらなことの想像

辛党

B・お酒好きの人

左党ともいう。辛い食べ物を好んで食べる人ではない。

陳腐

B・ありふれて古臭い

単に「つまらない」という意味だけではない。

断末魔

A・人間が息を引き取る間近

ただ「苦しそうな叫び声」という意味を表すのではない。

妄想

A・根拠のない想像

いやらしいことを想像することではない。

知っているとと差がつく慣用句⑥

難易度：★★★

小戯《こじゃ》れた

A・ふざけた、くだらない

B・ちょっとお洒落な

ぞっとしない

A・怖くない

B・面白くない

いぎたない

A・眠り込んで起きない

B・意地汚い

世間ずれ

A・世の常識とかけ離れる

B・世間に通じ、ずる賢くなる

小戯れた

A・ふざけた、くだらない

「洒落た」に「小」をつけたものとは別の言葉。

ぞっとしない

B・面白くない

恐ろしいを意味する「ぞっとする」の否定形だが、意味は異なる。

いぎたない

A・眠り込んで起きない

漢字で「寝穢い」と書く。古文でも頻出の単語。意地汚いとは無縁。

世間ずれ

B・世間に通じ、ずる賢くなる

「世の中の考えから外れた人」という意味で用いられがちだが、そうではない。

知っていると差がつく慣用句⑦

難易度：★★★

雨後のたけのこ

A・相次いで現れる

B・成長が早い

悪運が強い

A・悪い事しても罰を受けない

B・悪い事に遭っても無事

時を分かたず

A・いつも

B・すぐに

異彩を放つ

A・ひときわ優れて見える

B・特別な才能を持っている

雨後のたけのこ

A・相次いで現れる

雨の後にたけのこが次々生えることから。

悪運が強い

A・悪い事をしても罰を受けない

悪いことに遭いながらも無事だった、という誤用が多い。

時を分かたず

A・いつも

「すぐに」という意味ではない。

異彩を放つ

A・ひときわ優れて見える

「異才」は優れた才能の持ち主を表す。

知っていると差がつく慣用句⑧

難易度：★★★

いそいそと

A・せわしない

B・嬉しさで動作が弾む

切欠

A・物事の一部が欠けた状態

B・物事を行う糸口

心遣《や》り

A・ふさいだ気持ちを晴らす

B・他人を気遣い思いやる

逆恨み

A・関係ない人を不当に恨む

B・恨みに思う人から恨まれる

いそいそと

B・嬉しさで動作が弾む

忙しくせかせかしているという意味ではない。

切欠

A・物事の一部が欠けた状態

何かの糸口になる「きっかけ」は「切っ掛け」であり、別の言葉。

心遣り

A・ふさいだ気持ちを晴らす

字面から「思いやり」という意味にとられるが、反対の意味。

逆恨み

B・恨みに思う人から恨まれる

関係のない人を不当に恨むのは「八つ当たり」である。

第五章

地名・人名・単位の読み

「知らなくていい」では恥をかく!?

この章では、ぜひとも読み方をおさえておきたい
地名・人名・単位の漢字を集めました。
当て字や古文読みが多い固有名詞には
難読のものもたくさんありますが、
大人として「知らない」では済まされませんね。

有名観光地①

難易度：★☆☆

網走

知床

恐山

蔵王

秩父

等々力

網走

あばしり

北海道網走市。オホーツク海に面している。網走刑務所が有名。

知床

しれとこ

北海道の東部に位置する半島。２００５年に世界自然遺産に登録された。

恐山

おそれざん

青森県むつ市。下北半島にある霊山であり、イタコの口寄せで知られる。

蔵王

ざおう

宮城県と山形県にまたがる連峰。裾野には温泉やスキー場が多い。

秩父

ちちぶ

埼玉県秩父市。日本初の流通貨幣「和同開珎」が作られた地。

等々力

とどろき

東京都世田谷区と神奈川県川崎市の地名。

有名観光地②

難易度：★☆☆

御殿場

宇治

天橋立

姫路

錦帯橋

波照間島

御殿場

ごてんば

静岡県御殿場市。富士山のふもとに位置し、陸上自衛隊の駐屯地も多い。

宇治

うじ

京都府宇治市。10円硬貨の表に描かれる平等院鳳凰堂がある。

天橋立

あまのはしだて

京都府宮津市。日本三景の一つに数えられる人気観光地。

姫路

ひめじ

兵庫県姫路市。世界遺産に登録された姫路城がある。

錦帯橋

きんたいきょう

山口県岩国市。木造のアーチ橋が有名で日本三名橋の一つに数えられることも。

波照間島

はてるまじま

沖縄県八重山郡。日本最南端の有人島。

有名温泉地

難易度：★★☆

鬼怒川

強羅

熱海

下呂

城崎

指宿

鬼怒川

きぬがわ

栃木県日光市。「東京の奥座敷」のひとつ。

強羅

ごうら

神奈川県足柄下郡箱根町。箱根温泉のひとつ。

熱海

あたみ

静岡県熱海市。１９６０年前後は新婚旅行先の代表地だった。

下呂

げろ

岐阜県下呂市。有馬・草津に並ぶ「日本三名泉」のひとつ。

城崎

きのさき

兵庫県豊岡市。志賀直哉の小説『城の崎にて』の舞台。

指宿

いぶすき

鹿児島県指宿市。砂蒸し風呂で有名。

北海道・東北地方

難易度：★★☆

稚内

神威

奥入瀬

八戸

男鹿

郡山

稚内

わっかない

北海道の地名。日本最北端の地宗谷岬がある。

神威

かむい

北海道の地名。元はアイヌ語で霊的なものを意味する言葉。

奥入瀬

おいらせ

青森県を流れる川、またその上流にある景勝地（渓流）の名前。

八戸

はちのへ

青森県の地名。ウニと貝の吸い物である「いちご煮」が有名。

男鹿

おが

秋田県の地名。ナマハゲが最も有名。

郡山

こおりやま

福島県の地名。鉄道網、道路網が整った東日本の交通の要衝。

関東・北陸・東海地方

難易度：★☆☆

牛久

御徒町

我孫子

糸魚川

不破

常滑

牛久

うしく

茨城県の地名。ブロンズ立像として世界最大の牛久大仏がある。

御徒町

おかちまち

東京都の地名。騎乗が許されない下級武士（徒《か》歩《ち》）が多く住んでいたことから。

我孫子

あびこ

千葉県の地名。江戸には宿場町、近代には別荘地として栄える。

糸魚川

いといがわ

新潟県の地名。フォッサマグナの西端が通ることで有名。

不破

ふわ

岐阜県の地名。東山道の関所・不破関は三関のひとつ。

常滑

とこなめ

愛知県の地名。中世から続く伝統産業の常滑焼が有名。

関西・中国・四国地方

難易度：★★☆

枚方

蹴上

赤穂

石見

厳島

小豆島

枚方

ひらかた

大阪府の地名。「ひらパー」こと、「ひらかたパーク」が有名。

蹴上

けあげ

京都府の地名。「蹴上インクライン跡」は桜の名所でもある。

赤穂

あこう

兵庫県の地名。「忠臣蔵」で知られる赤穂事件ゆかりの地。

石見

いわみ

島根県の地名。世界遺産に登録された石見銀山がある。

厳島

いつくしま

広島県の地名。通称「宮島」。世界遺産の厳島神社がある。

小豆島

しょうどしま

瀬戸内海に浮かぶ島。香川県に属する。オリーブの名産地。

九州・沖縄地方

難易度：★★★

門司

対馬

国東

都城

西表島

東江

門司

もじ

福岡県の地名。九州最北端。近代に港湾都市として栄えた。

対馬

つしま

長崎県の地名。古代から大陸との交流の窓口になっていた。

国東

くにさき

大分県の地名。国東半島内には多くの神社仏閣が存在する。

都城

みやこのじょう

宮崎県の地名。焼酎「黒霧島」で知られる霧島酒造の所在地。

西表島

いりおもてじま

沖縄県に属する島。亜熱帯の自然林に覆われた珍しい動植物の宝庫。

東江

あがりえ

沖縄県の地名。沖縄方言で西を「イリ」、東を「アガリ」という。

難しい名字①

難易度：★★☆

一

九

月見里

小鳥遊

春夏冬

春夏秋冬

一

にのまえ

数字の「二」の前にあたるから。

九

いちじく

「一字」で「九《く》」を表すから。

月見里

やまなし

山がないため月がよく見えることから。

小鳥遊

たかなし

脅威となる鷹がおらず、小鳥が遊べるから。

春夏冬

あきない

「春夏秋冬」の「秋」がないから。

春夏秋冬

ひととせ

四季がそろって「一年」。

難しい名字②

難易度：★★★

生天目

御薬袋

東西南北

四月一日

八月一日

五百旗頭

生天目

なばため

栃木県芳賀郡益子町大字生田目（なばため）が発祥とされる。

御薬袋

みない

その昔、薬袋を拾った人が中身を「見ない」ほど元気だったことからという説。

東西南北

よもひろ

「世も広い」の意味とされる。

四月一日

わたぬき

四月に暖かくなり、衣服から冬用の綿を抜いたことから。

八月一日

ほづみ

旧暦の八月になると稲の穂を摘んだことから。

五百旗頭

いおきべ

五百の旗をひるがえし主君を守った大豪族に与えられた名前。

単位

難易度：★☆☆

立

※容積・体積

平米

※面積

米

※長さ

打

※個数

屯

※重さ

瓦

※重さ

米

メートル

キロメートル＝粁、センチメートル＝糎、ミリメートル＝粍。

平米

へいべい／平方メートル

ちなみに、ヘクタールは陌などと表される。

立

リットル

デシリットル＝竕、ミリリットル＝竓。「立米」は立方メートル。

瓦

グラム

すべて漢字で書くと「瓦蘭姆」となる。

屯

トン

語源は、古代英語やフランス語で「樽」の意味だったという。

打

ダース

12個の組。12ダース＝1グロス、12グロス＝1グレートグロスとなる。

国の名前①

難易度：★☆☆

印度

馬来西亜

比律賓

独逸

夏麦論

馬里

印度

インド

人口約13億人を誇るアジアの大国。

馬来西亜

マレーシア

東南アジアにある国家。ASEANの一員。

比律賓

フィリピン

東南アジアの島国。海を挟んで日本や台湾、中国などと接する。

独逸

ドイツ

ヨーロッパにおける主要国の一つ。

夏麦論

カメルーン

アフリカの中部に位置する共和制国家。サッカーの強豪国。

馬里

マリ

アフリカ西部にあり、国土の三分の一がサハラ砂漠の一部にあたる。

国の名前②

難易度：★★☆

泰

越南

加納

西班牙

土耳古

白露西亜

泰

タイ

略称でなく漢字一字で国名すべてを表せるのはタイのみ。

越南

ベトナム

中国の春秋戦国時代にあった越という国の南にあったことから。

加納

ガーナ

迦納とも書く。

西班牙

スペイン

スペインの昔の呼び方「イスパニア」に中国で「西班牙《シーバンニャ》」の字があてられた。

土耳古

トルコ

こちらも、中国であてられた漢字を日本でも使うようになった。

白露西亜

ベラルーシ

「白ルーシ」の意。白は、方角を色で表す中国の思想から来ている。

第六章

四字熟語・慣用句の書き

あなたはいくつ答えられますか？

「小中学校で習った漢字」もいよいよ総仕上げです。
最後の章では、大人として正しく使えるようになりたい
四字熟語・慣用句を集めました。
「しんきいってん」「しょしかんてつ」「はっぱをかける」…
ビジネスシーンでも使うこの言葉、きちんと書けますか？

日常的に使う四字熟語①

難易度：★☆☆

きょうみしんしん

いっしんどうたい

いしんでんしん

たんとう
ちょくにゅう

興味津津《きょうみしんしん》

興味が尽きないさま。「深々」ではない。

一心同体《いっしんどうたい》

2人以上の心が1人の人間のように固く結びつくこと。「一身」ではない。

以心伝心《いしんでんしん》

言葉を使わなくても気持ちが通じ合うこと。

単刀直入《たんとうちょくにゅう》

いきなり本題に入ること。「短刀」ではない。

日常的に使う四字熟語②

難易度：★☆☆

じがじさん

いきとうごう

しんきいってん

ぜったいぜつめい

自画自賛《じがじさん》

自分で自分をほめること。自分で描いた絵を自分で讃えたことに由来。「自我」ではない。

意気投合《いきとうごう》

互いの気持ちがぴったりと一致すること。漢字は簡単だが、それゆえに間違えやすい。

心機一転《しんきいってん》

あることをきっかけに、気持ちを良い方へ切り換えること。

絶体絶命《ぜったいぜつめい》

危険や困難に追い詰められ、切羽詰まった状態。「絶対」とする誤りが非常に多い。

日常的に使う四字熟語③

難易度：★☆☆

ぜんじんみとう

いちごいちえ

いみしんちょう

ごりむちゅう

前人未到《ぜんじんみとう》
前人未踏

どちらでも可。だれもその境地に達していないこと。「人跡未踏」は「未踏」が正しい。

一期一会《いちごいちえ》

一生に一度しかない出会い。茶道に由来する言葉で、その一席一席を大切にという教え。

意味深長《いみしんちょう》

表す言葉の意味に奥深いものがあること。また、別の意味が隠されていること。

五里霧中《ごりむちゅう》

物事の見通しが立たず、うろたえること。「夢中」という誤字が非常に多い。

書けそうで書けない四字熟語①

難易度：★★☆

おんこちしん

こうがんむち

とうほん
せいそう

せんぺんばんか

温故知新《おんこちしん》

昔の事柄から新たな見識を得て自分のものにすること。「温古」ではない。

厚顔無恥《こうがんむち》

あつかましく恥知らずなさま。「恥が無い」のであって、「無知」ではない。

東奔西走《とうほんせいそう》

忙しくあちらこちらに走り回ること。

千変万化《せんぺんばんか》

いろいろなもの、さまざまなことに変化すること。

書けそうで書けない四字熟語②

難易度：★★☆

めいろう
かいかつ

にっしんげっぽ

ふわらいどう

ちょうれい
ぼかい

明朗快活《めいろうかいかつ》

明るくほがらかで、はつらつと元気なさま。

日進月歩《にっしんげっぽ》

日々絶え間なく進歩し続けること。

付和雷同《ふわらいどう》

自分の意見を持たず、すぐに他人に同調すること。

朝令暮改《ちょうれいぼかい》

命令がコロコロと変わって一定しないこと。

書けそうで書けない四字熟語③

難易度：★★☆

いきしょうちん

しょしかんてつ

せいてん
はくじつ

しょぎょう
むじょう

意気消沈《いきしょうちん》

元気をなくし、しょんぼりすること。

初志貫徹《しょしかんてつ》

初めに決めたことを最後までやり通すこと。「徹」を「撤」とする誤りが多い。

青天白日《せいてんはくじつ》

やましいことがなくなり、身が潔白なこと。

諸行無常《しょぎょうむじょう》

この世の全てのものはいずれ形を変えるという仏教用語。

書けそうで書けない四字熟語④

難易度：★★☆

どうおんいぎ

せきにんてんか

おんこう
とくじつ

いっしょく
そくはつ

どうおんいぎ

同音異義

読みは同じだが、意味が異なること。「異議」「意義」などと間違えやすい。

せきにんてんか

責任転嫁

自分が負うべき責任を他人になすりつけること。「転嫁」の「嫁」が出てきにくい。

おんこうとくじつ

温厚篤実

情に厚く、誠実なさま。

いっしょくそくはつ

一触即発

わずかなことでも危機に直結しそうな緊迫した状態のこと。

書けそうで書けない四字熟語⑤

難易度：★★☆

ういてんぺん

きゅうたいいぜん

さんみいったい

しようまっせつ

有為転変《ういてんぺん》

この世のすべての現象は常に移り変わるということ。「諸行無常」と同じく仏教用語。

旧態依然《きゅうたいいぜん》

昔のあり方のままで、何も変化や進歩がないこと。

三位一体《さんみいったい》

キリスト教において、「父」と「子」と「聖霊」があわさり一つの神であるという教え。

枝葉末節《しようまっせつ》

本質からはずれた、きわめて些細な部分。取るに足らないこと。

書けるとすごい四字熟語①

難易度：★★★

しゃこうじれい

ようしたんれい

びもくしゅうれい

しょうこう
じょうたい

社交辞令《しゃこうじれい》

人づきあいにおいて、場を円滑にするための挨拶や言葉のこと。

容姿端麗《ようしたんれい》

見た目が整っており美しいさま。どちらかというと女性に対して用いる言葉。

眉目秀麗《びもくしゅうれい》

容貌が優れており、美しいさま。男性に対して用いる。

小康状態《しょうこうじょうたい》

悪くなっていたものが、持ち直して落ち着いている状態。

書けるとすごい四字熟語②

難易度：★★★

いきしょうてん

めいよきそん

じんかい
せんじゅつ

こううん
りゅうすい

意気衝天《いきしょうてん》

意気込みが天を衝くほどにさかんなこと。

名誉毀損《めいよきそん》

他人の名誉を傷つける行為。刑法によって罰せられる場合もある。

人海戦術《じんかいせんじゅつ》

人員の数にものを言わせて事をなす考え。

行雲流水《こううんりゅうすい》

物事に執着せず、成り行きに身を任せること。

書けるとすごい四字熟語③

難易度：★★★

てんいむほう

かんこつだったい

おかめはちもく

りゅうとうだび

天衣無縫《てんいむほう》

物事に技巧をこらした様子がなく、自然なさま。また、天真爛漫な様子。

換骨奪胎《かんこつだったい》

先人の構想に新しく創意を加えて、自分の作品にすること。

傍目八目《おかめはちもく》

第三者の方が物事の是非をよく判断できるということ。囲碁発祥の言葉。岡目八目とも。

竜頭蛇尾《りゅうとうだび》

初めは勢いが良いが、終わりになると振るわなくなること。

よく耳にする慣用句①

難易度：★☆☆

いっしをむくいる

いちどうに
かいする

こうをそうす

よだんを
ゆるさない

いっしをむくいる

一矢を報いる

大勢は変えられないまでも、反撃に出ること。

いちどうにかいする

一堂に会する

大勢の人がひとつの場所に集まること。「一同に」とする誤りが多い。

こうをそうす

功を奏す

作戦が見事に成功し、結果が出ること。

よだんをゆるさない

予断を許さない

この先の展開が予測できない状態。

よく耳にする慣用句②

難易度：★☆☆

ずにのる

はっぱをかける

いっかんのおわり

こんをつめる

ずにのる

図に乗る

調子に乗ること、つけあがること。「頭に乗る」ではない。

はっぱをかける

発破をかける

強い言葉をかけて激励すること。「発破」は岩石を爆破することやそのための火薬を指す。

いっかんのおわり

一巻の終わり

物事の結末を迎えること。

こんをつめる

根を詰める

根気を尽くして物事に集中すること。

よく耳にする慣用句③

難易度：★☆☆

かつをいれる

たかをくくる

はめをはずす

ぞうさもない

かつをいれる

活を入れる

刺激を与えて、元気付けること。「喝」ではない。

たかをくくる

高を括る

物事を軽く考えること。「高」は「収穫高」など分量のこと、「括る」はひとまとめにすること。

はめをはずす

羽目を外す

調子に乗って度を越すこと。「羽目」は馬の制御のため口につける馬銜《はみ》から転じた言葉とも。

そうさもない

造作も無い

たいした手間や面倒がなく、たやすいさま。

知っておきたい慣用句①

難易度：★★☆

ぜっかをまねく

まごにもいしょう

いまわのきわ

さんごのひだち

ぜっかをまねく

舌禍を招く

自分の不適切な発言によって反感を買うこと。

まごにもいしょう

馬子にも衣装

どんな人でも、見た目を整えればそれらしく見えるという意味。「孫」ではない。

いまわのきわ

今際の際

最期のとき。「今際」は「今は限り」の略語で、かつては「いまは」と表記した。

さんごのひだち

産後の肥立ち

妊娠・出産を終えた女性の身体が妊娠前の状態に戻ること。

知っておきたい慣用句②

難易度：★★☆

でんかのほうとう

かきゅうのしらせ

みをこにする

でくのぼう

伝家の宝刀《でんかのほうとう》

家に代々受け継がれてきた刀、転じてここぞというときの切り札。

火急の知らせ《かきゅうのしらせ》

差し迫った緊急事態における知らせ。

身を粉にする《みをこにする》

自分の身体が粉々になるほど、大変な苦労をして働くこと。「こなにする」とは読まない。

木偶の坊《でくのぼう》

役立たず、気が利かない人を悪く言う言葉。「木偶」は木でできた人形のこと。

知っておきたい慣用句③

難易度：★★☆

かんはつをいれず

あんずるより
うむがやすし

そでふりあうも
たしょうのえん

ごうにいっては
ごうにしたがえ

かんはつをいれず

間髪を容れず

間を空けずにすかさず。「間」に「髪」1本を入れる隙間もないことから。

あんずるよりうむがやすし

案ずるより生むが易し

あれこれ思い悩むよりも、やってしまえば意外と簡単だという意味。

そでふりあうもたしょうのえん

袖振り合うも多生の縁

偶然にすぎない縁でも前世からの深い因縁だから、どんな出会いも大切だという教え。

ごうにいってはごうにしたがえ

郷に入っては郷に従え

その土地に入ったらそこの慣習や文化に合った行動をするべきという意味。

知っておきたい慣用句④

難易度：★★★

しがにもかけない

しんさんをなめる

にっちもさっちも

のるかそるか

しがにもかけない

歯牙にもかけない

無視して相手にしないこと。

しんさんをなめる

辛酸をなめる

辛く、苦しい経験をすること。

にっちもさっちも

二進も三進も

どう工夫してもどうにもならない。算盤用語が語源。

のるかそるか

伸るか反るか

結果がどうなるかは天に任せて思い切って物事に取り組むこと。

これですべての問題が終了です。いかがでしたか?
出来は人によって様々かと思いますが、
問題を完遂したあなたはもう大丈夫。
再び迷うことがあったら、何度でも復習してみてください。
そうすることで、漢字力は確固たるものになるでしょう。

【参考文献】

『読めますか？ 小学校で習った漢字』（守誠、サンリオ）
『書けますか？ 小学校で習った漢字』（守誠、サンリオ）
『エッ、この漢字、皆そう読むのに、どこが間違い？』（根本浩、主婦の友社）
『今日から役に立つ！ 常識の「漢字力」3200』（西東社編集部編、西東社）
『日本人なのに知らない やさしい漢字の意外な読み方』（鈴木昭夫、河出書房新社）
『よく出る‼ 新マスコミ漢字』（大熊明俊、早稲田経営出版）
『正しい日本語どっち？ 500』（日本語力検定委員会編、彩図社）
『書けそうで書けない間違いやすい漢字』（書けない漢字研究会編、彩図社）

【カバー画像】

軍鶏 （©Minseong Kim）
手水舎 （©Mojaー）

読み書きできないと恥ずかしい
小中学校で習った漢字

2017年2月22日第一刷
2020年2月7日第四刷

編 者　　漢字力研究会

発行人　　山田有司

発行所　　株式会社　彩図社
　　　　　東京都豊島区南大塚 3-24-4
　　　　　ＭＴビル　〒170-0005
　　　　　TEL：03-5985-8213　FAX：03-5985-8224

印刷所　　新灯印刷株式会社

URL：http://www.saiz.co.jp
　　　https://twitter.com/saiz_sha

© 2017. Kanjiryoku Kenkyukai Printed in Japan.　　ISBN978-4-8013-0203-7 C0081
落丁・乱丁本は小社宛にお送りください。送料小社負担にて、お取り替えいたします。
定価はカバーに表示してあります。
本書の無断複写は著作権上での例外を除き、禁じられています。